4 ans

Jeux & activités

POUR VOTRE ENFANT

TEXTES : CATHERINE VIALLES
ILLUSTRATIONS : HÉLÈNE GUYON-GEORGE

RETZ

S'il n'est pas encore un grand, votre enfant, à 4 ans, n'est déjà plus un bébé... Un vocabulaire plus étoffé, un goût prononcé pour l'imaginaire et le rêve et une habileté croissante favorisent chez lui un enthousiasme exubérant.

C'est aussi l'époque où votre petit artiste recherche et apprécie des compagnons de jeux.

Les 150 activités proposées dans ce volume s'articulent donc autour de 4 grands axes : le langage (prononciation, vocabulaire, mémoire), la découverte (observation, stratégie), le mouvement (gymnastique, relaxation, latéralisation, adresse, jeux collectifs), enfin, la création (expression plastique et corporelle ou poétique, jeux de sons et de rythmes, rêve et imagination).

Elles ont été conçues pour s'adapter aux différentes situations de la vie quotidienne : intérieur, extérieur, voyages en train ou en voiture, milieu urbain ou nature, présence ou non de camarades de jeux.

Vous pourrez les proposer à l'enfant selon ses besoins du moment : besoin de se défouler ou de se calmer, de créer et de s'exprimer, de rire ou de rêver. Elles seront pour lui le prétexte à affirmer son autonomie et sa sensibilité, d'améliorer la maîtrise du geste, du corps et de l'expression. Enfin, vous pourrez puiser à loisir dans le répertoire des comptines et formulettes, rondes et jeux chantés dont les enfants de cet âge ne se lassent pas.

Enfin, la majorité des activités décrites ici ne nécessitent qu'un matériel restreint et peuvent s'improviser à tout moment.

Amusez-vous bien !

Pour vous y retrouver d'un coup d'œil

* Facile
** Pas si simple
*** Plutôt difficile

Famille Bancroche

1

Un meneur de jeu, la « maman » (au départ un adulte, un enfant plus âgé ou plus débrouillard), mène la danse. Il invente les démarches les plus fantaisistes, les plus imprévues, puis les plus difficiles à reproduire : boiter, sauter à cloche-pied, marcher sur les talons, sur les pointes de pieds, marcher à reculons, en canard...
Derrière lui, les « enfants » en file indienne, imitent les allures qui peuvent se succéder à un rythme endiablé...
Mais attention ! Dès que la « maman » se retourne, tous les enfants se figent, quelle que soit la dernière figure imposée. Fou-rire assuré !
Et n'oubliez pas d'inverser les rôles ensuite !!

** Ce jeu développe l'habileté corporelle et entraîne à la socialisation. Il fait intervenir des capacités d'attention et d'imitation, pouvant très vite aller jusqu'à l'exagération loufoque, extrêmement prisée par tous les enfants à cet âge.*

2

OEufs de Pâques

Selon la tradition, vous pourrez décorer vos œufs de Pâques selon la bonne vieille technique du « grattage ». Commencez par les faire cuire (des œufs durs poseront moins de problèmes de résistance). Il faut ensuite les enduire d'une bonne couche de gouache bien épaisse. Lorsqu'ils seront secs, et installés sur des coquetiers, on gravera délicatement le dessin de son choix à l'aide d'une plume (vieux stylo-plume sans encre ou stylo-bille usagé). Le grattage fait apparaître le beige de la coquille ; on peut vernir le tout au vernis à gouache.

*** *Des œufs de Pâques décorés pour perpétuer la tradition.*

Monotype à la gouache

3

Le travail de peinture sera exécuté soit sur une plaque de verre, soit plus simplement sur une feuille de plastique transparent. On placera au-dessous le dessin ou la photo que l'on désire reproduire. Les grandes lignes apparaissent par transparence et seront délimitées à la gouache épaisse. Lorsque l'on est satisfait du résultat (monochrome ou plusieurs plages de couleurs, feuille entièrement recouverte ou partiellement), on applique uniformément une feuille de papier blanc sur la couche de peinture : les couleurs s'écrasent, et le projet de départ a toutes les chances d'être transfiguré !

* *Pour renouveler les productions des petits peintres.*

Les roudoudous

4

Profitez d'une promenade sur la plage pour faire provision de coquillages. Lavez-les et mettez-les de côté.

Faites fondre dans une casserole à fond épais 250 g de sucre roux ou blanc. Ajoutez le parfum de votre choix (sirop de menthe, grenadine, framboise, ou jus de citron, d'orange...). Tournez, laissez prendre le mélange. Préparez un bol d'eau froide, laissez-y tomber une goutte de sirop : si le mélange se cristallise rapidement, cessez la cuisson. Laissez un peu refroidir, puis versez un peu de sirop dans chaque coquillage.

✱ Retrouver le plaisir de confectionner ses propres douceurs : un festival de couleurs pour ces délicieux roudoudous, et un vrai parfum d'enfance !

Le jeu des nuages

5

Allongez-vous ensemble sous un beau ciel nuageux : les formes les plus étranges se font et se défont au gré du vent. Tour à tour, évoquez ce qu'elles vous inspirent : ici un géant qui rit, là un crocodile qui bâille, un oiseau prêt à prendre son envol... Trouvez-leur un titre, amusez-vous à détecter mutuellement vos trouvailles (ce n'est pas toujours évident !). Vous pouvez imaginer d'autres formes à partir de rochers, montagnes, arbres morts, galets...

* *Imaginer, divaguer, exprimer ses rêves, les partager...*

Les langues étrangères

6

Prenez une courte phrase, et amusez-vous à la prononcer ensemble « à la russe » (roulements exagérés de *r*), puis « à l'anglaise » (*le* pour *la* et vice-versa), « à l'africaine » (sans *r* cette fois-ci), « à la marseillaise » (amplifiée), « à l'auvergnate » (*ch, ch...*), bref tous les accents qui vous viennent à l'esprit et dont vous caricaturerez sans retenue les particularités.

****** *Pour jouer avec la langue, s'amuser à varier accents et intonations.*

La marche de l'aveugle

7

Il faut être trois côte à côte : celui du centre (l'aveugle) est tourné dans l'autre sens. Il va donc avancer à reculons, guidé dans sa déambulation par ses deux camarades, qui, complaisants, lui donnent le bras. On commence lentement, puis l'allure peut s'accélérer jusqu'à la course : on peut même organiser une course d'aveugles lorsqu'on est plusieurs.
On peut également inverser le sens de la marche, l'aveugle devenant le voyant, et conduisant les deux autres à son tour.

*** Savoir régler son allure sur celle d'un autre, inverser le sens habituel de la marche, se coordonner pour mieux se mouvoir, voilà qui n'est pas si facile !*

8

Les éventails

Je suis allé(e) au marché, et j'ai acheté... un éventail
(agiter une main en éventail)
Je suis allé(e) au marché, et j'ai acheté... deux éventails
(agiter les deux mains)
Je suis allé(e) au marché, et j'ai acheté... trois éventails
(agiter les deux mains plus un pied)
...
Je suis allé(e) au marché, et j'ai acheté... cinq éventails
(agiter deux mains,
deux pieds et la tête)
etc., jusqu'à ce que l'on
ait épuisé toutes ses
ressources corporelles
pour s'éventer.

✱✱ Désopilant, mais à pratiquer à l'abri des regards extérieurs...

Bonshommes en chaîne

9

Sur une carte de bristol, dessinez ou collez un chapeau (découpé dans un magazine). Dessinez un œil au-dessous. Faites deux trous latéraux et passez-y une chaîne (maintenue au dos de la feuille par du scotch). La machine à portraits est prête, il ne reste plus qu'à imaginer les profils les plus incongrus en faisant bouger la chaîne : figures rieuses ou sinistres vont se succéder à un rythme d'enfer...

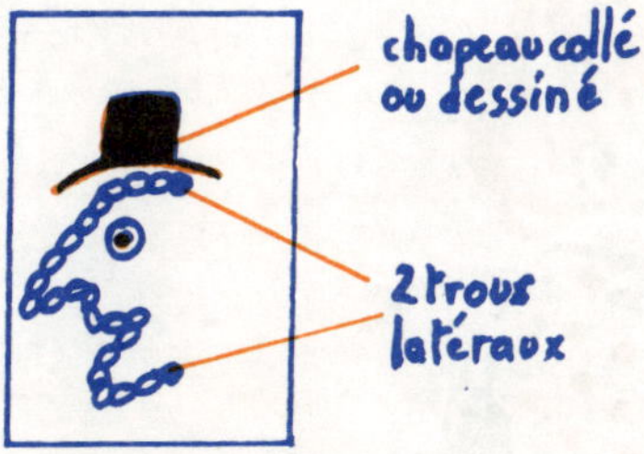

✱ *C'est un jeu d'imagination et de création aux possibilités infinies. On peut s'inspirer de certaines figures pour « croquer » les profils les plus intéressants.*

10

Mosaïques

La technique est ancestrale, il suffit de l'adapter. Tout d'abord, demandez à votre enfant de tracer son projet au crayon. Taillez ensuite dans une vieille gomme un ou plusieurs longs tampons au bout carré. Il s'agit à présent de tremper le tampon dans de la gouache épaisse, puis de couvrir une partie de la surface choisie, le plus régulièrement possible, en évitant de superposer les carrés de couleurs. Changer ensuite de couleur et de tampon, et continuer jusqu'à ce que la feuille soit entièrement recouverte.

*** * Cette technique d'impression exige soin et patience (prévoyez de petites surfaces à remplir) et permettra à votre jeune artiste de renouveler ses compositions graphiques.*

11

La main molle

Votre enfant est assis, la main posée sur une table, paume à plat. L'autre main va soulever lentement un à un chacun des doigts posés, puis le laisser retomber brusquement (drôle de bruit !). Recommencez l'opération avec l'autre main, puis les deux paumes seront reposées légèrement sur la table, détendues, les yeux se ferment, détente, relaxation... Ouf !

** C'est un jeu de relaxation, ainsi que de travail individualisé des doigts, facilitant la souplesse des articulations, la détente des mains.*
C'est aussi l'occasion d'apprendre les noms des doigts : auriculaire, annulaire, majeur, index, pouce.

12

Glaces déformantes

Partez à la recherche de toutes les surfaces réfléchissantes de la maison : vitres, écran de télévision, poignées de portes, cuillers, bouteilles, lames de couteaux, robinets... Amusez-vous à admirer vos reflets plus ou moins déformés grâce aux surfaces (convexes ou concaves) en vous postant plus ou moins près, en inclinant ou non vos miroirs fantaisistes. On peut ensuite tenter de reproduire les portraits les plus intéressants en les dessinant : les résultats risquent fort d'être cocasses !

** On s'amuse beaucoup à découvrir les reflets les plus improbables de son propre corps et les étranges propriétés de réflection de certaines surfaces.*

Gravure sur polystyrène

13

Les emballages en polystyrène sont très courants, et offrent une surface neigeuse intéressante à graver. Mettez de côté une barquette de viande ou autre de surface suffisamment lisse : votre enfant pourra y graver ses œuvres à l'aide d'une pointe quelconque (vieux stylo à bille, par exemple...). On pourra utiliser la gravure comme un tampon en l'enduisant d'une épaisse couche de gouache et en l'appliquant une ou plusieurs fois (varier les couleurs et les positions) sur une feuille blanche ou de couleur. Ou plus simplement révéler le motif en passant l'ensemble à l'encre, la gouache ou le brou de noix bien dilués.

** *Gravure primitive sur matière moderne.*

Peinture sur tee-shirt

14

Il existe à présent des peintures spéciales pour textiles dont le conditionnement (feutres, bombes, tubes) facilite grandement le travail sur tissu. On pourra en profiter pour personnaliser un tee-shirt uni ou un vêtement un peu triste. Après exécution d'un projet, il faut isoler la surface à décorer à l'aide d'un carton glissé dessous (ce qui aura également pour effet de tendre le tissu).
Simple transposition d'une œuvre particulièrement réussie, bombage d'un pochoir, ou coups de feutres savamment rythmés, rien de tel pour imprimer la marque inoubliable du coup de patte maison sur le plus anonyme des uniformes.
On pourra étendre l'expérience aux sacs à dos, trousses et toute autre surface textile passant par là.
Attention à bien se protéger (les taches étant par définition indélébiles) et à se faire la main sur des objets de peu de valeur...

*** *Autre peinture, autre support pour étendre le champ des recherches graphiques.*

15

Les puces savantes

Le terrain sera une simple table ou un tapis, le but un petit pot quelconque ou un bol (plus facile), les puces, des pièces de monnaie d'une couleur ou d'une valeur différente pour chacune. Il s'agit bien sûr de mener au plus vite ses propres puces dans le pot : on dispose son équipe de puces à égale distance du but et on avance chacun à son tour. Une puce en fait sauter une autre (plus légère) par pression sur un des bords de la pièce. Le jeu se termine lorsqu'un joueur a pu rapatrier toutes ses puces dans le pot.

*** Jeu de préhension et d'habileté pour améliorer la motricité fine.*

16

Pimpanicaille

Pimpanicaille, le roi des papillons,
En se faisant la barbe,
Se coupa le menton.
Un, deux, trois de bois,
Quatre, cinq, six de buis,
Sept, huit, neuf de bœuf,
Dix, onze, douze,
Va-t'en à Toulouse !

∗ *A pratiquer seul, pour le plaisir de l'incantation et des assonances, ou à plusieurs avant un jeu de chat ou de cache-cache pour désigner celui « qui y est ».*

17

Bâton magique

Prenez une baguette, un bâton, une règle... Cet accessoire sera prétexte à mimer une action, un métier, un personnage célèbre, un objet selon l'inspiration du moment. Charge à l'auditoire de comprendre l'objet en question, l'action ou la célébrité choisie. Le joueur qui a su deviner juste viendra mimer à son tour. On pourra renouveler l'intérêt en changeant d'accessoire (feuille de papier ou d'arbre, marron, ficelle... plus l'accessoire est banal, plus vaste est le champ des possibilités !).

** De l'accessoire le plus fruste à l'imagination la plus débridée : langage, déduction et expression corporelle à la fois.*

Le chien aveugle

18

On pose un « os » (un objet quelconque à dérober) devant le molosse. Il a les yeux bandés mais l'oreille fine : au moindre bruit, il tend un doigt accusateur. Si la direction est bonne, le voleur détecté retourne à son point de départ.
Celui qui réussit à dérober l'os sans se faire découvrir deviendra chien à son tour.

*** Pour développer les facultés d'écoute et d'attention, l'adresse et la maîtrise de soi.*
Excellent pour calmer les esprits.

Gravure sur aluminium

Il faut se procurer pour cette technique du papier aluminium spécial, suffisamment épais (dans les magasins de travaux manuels). Posez la feuille sur un support souple (un journal plié par exemple). Votre enfant va graver dans la feuille d'aluminium à l'aide d'une pointe de stylo à bille usagé.
On pourra coller la gravure sur une carte de bristol (blanche, noire ou de couleur) (le texte pris sous la dictée du jeune artiste sera écrit au dos) et l'envoyer à quelqu'un ou la joindre à un cadeau de Noël.

*** Une technique pour découvrir la gravure et apprendre à maîtriser son geste graphique.*

20

Animaux extraordinaires

Installez votre petit peintre devant une grande feuille de papier, avec à sa disposition ses outils préférés (feutres, crayons de couleur...). Citez à présent un animal pas trop difficile à représenter : il en dessinera un élément au choix (il est commode de commencer par la tête). Proposez ensuite un autre animal, très éloigné du premier : à lui d'en choisir un autre élément (bec, trompe, oreilles...) emprunté à ce nouvel animal. Puis un troisième (autre élément) et ainsi de suite jusqu'à la touche finale de ce curieux spécimen hybride. On peut peindre la bête, puis la découper et la coller sur un fond choisi pour mettre l'œuvre en valeur.

*** De quoi stimuler l'imagination pour recréer, et réinventer de bien curieuses créatures.*

21

Famille de reines

On peut facilement s'initier à reconnaître les figures et les valeurs des cartes à jouer : il suffit d'adapter le célèbre « jeu des sept familles » à un simple jeu de 32 cartes. Commencez par trier les cartes en ne mettant de côté que les têtes. Profitez-en pour les nommer. Distribuez ensuite équitablement le paquet de têtes (disons quatre cartes par personne si vous êtes deux, trois si vous êtes trois...) en ayant soin de sauvegarder une « pioche ». Le jeu va donc consister à reconstituer des familles de Rois, Reines et Valets. Chacun à son tour prononce la fameuse formule : « dans la famille Reine, je voudrais la Reine de cœur ». On ne peut bien sûr demander une carte que si l'on en possède une de la même famille. Le gagnant est celui qui a reconstitué le plus de familles.

** *Pour exercer logique et déduction, tout en manipulant un vrai jeu de cartes.*

22

Madame, Monsieur ?

Il s'agit ici de reconstituer des couples (d'animaux ou d'humains) à partir d'un élément féminin ou masculin. On se pose la question chacun à son tour (chienne ? Indien ? âne ?..). En cas d'ignorance ou de mutisme, on a droit à une deuxième question (plus facile) de rattrapage.

* *Élargir son vocabulaire par le biais de devinettes.*

Jeu de piste en chambre

23

C'est un mini-jeu de piste que vous pouvez sans problème organiser chez vous. Commencez par cacher un trésor (sucré, salé ou autre) quelque part dans l'appartement. Préparez ensuite la carte de la première étape du parcours (n'hésitez pas à compliquer les choses : le trésor n'en sera que meilleur une fois trouvé !).
Ainsi, dans chaque pièce, à chaque étape, il faudra trouver une nouvelle carte qui donnera un indice supplémentaire pour la découverte finale. Vous symboliserez chaque pièce par le dessin d'un objet caractéristique, le parcours par des flèches, le nombre de pas par des traces de semelles, quelques phrases semées d'indices grâce à des rébus, le trésor par un coffre...

** *Savoir s'orienter, lire une carte très simple, faire preuve de déduction et exercer ses facultés d'observation.*

24

La grenouille

La grenouille est à genoux au sol, assise sur ses talons ; les pointes de pieds doivent se toucher et les cuisses être bien écartées. Il faut veiller à garder le dos droit, et poser ses poings sur ses genoux : on garde la position quelques instants en respirant profondément et régulièrement, avant de retrouver figure humaine.

** Se relaxer tout en faisant travailler en souplesse le bas du corps.*

25

La galine

La galine est un bouchon de bouteille (par exemple), ou une boîte de conserve : chacun y pose une pièce (c'est la mise). Les joueurs se placent à distance. Ils disposent chacun de deux projectiles (galets, grosses pièces, billes, cailloux). Chacun lance son premier jet : celui qui est le plus proche de la galine peut lancer son deuxième projectile : il faut alors renverser la galine pour empocher la mise. Si aucun n'y réussit, on reprend ses munitions et on mise à nouveau.

** *Jeu d'origine gauloise de lancer et d'adresse.*

26

Fauves endormis

Les « fauves » reposent, allongés, mais l'œil ouvert : un « clown » rôde, qui essaie par tous les moyens de les réveiller, donc de les faire rire. Mimiques, grimaces monstrueuses sont de rigueur. Tout est possible, sauf de toucher les fauves. Le dernier fauve encore endormi deviendra clown à son tour.

* *Bienvenu pour se calmer lorsque l'excitation est à son comble.*

27

Dessin gauche

Proposez à votre enfant de tracer un dessin (un monstre ou une sorcière par exemple, la technique s'y prête à merveille) à l'aide de sa « mauvaise main » (gauche pour un droitier et vice versa). L'horreur voulue du sujet sera amplifiée à merveille par la maladresse du tracé tremblotant à souhait, des détails mal placés, des cheveux hirsutes...

** D'insolites tracés pour une main maladroite et inexpérimentée.*

Mon chat n'aime pas l'eau

28

Mais alors qu'est-ce qu'il aime ?
Tout (il n'est pas difficile !) excepté les mots qui contiennent le son « o » bien entendu. Partez donc à la chasse aux mots sans os pour ce chat n'aimant pas l'eau...

*** *Pour apprendre à distinguer certains sons.*

29

Dominos

On peut parfaitement fabriquer soi-même le jeu, soit avec des rectangles de bristol décorés au feutre noir, soit en pâte à sel gravée. Penser simplement à faire un double de chaque valeur (6/6, 5/5,...) un domino blanc, et pour chaque face de gauche d'une même valeur la face droite allant de 6 à 0. On obtient en tout 28 dominos.
Le jeu peut commencer : on retourne tous les dominos sur la table et on en pioche le même nombre. Le premier joueur place le domino de son choix sur la table et le second doit le compléter d'un côté ou de l'autre avec une face de même valeur. Si cela lui est impossible, il pioche jusqu'à ce qu'il trouve un des deux nombres requis. S'il n'y a plus de talon, le joueur « boude » et passe son tour. Le gagnant est celui qui s'est débarrassé le premier de tous ses dominos.

✱ Un jeu ancestral et international, ouvert à tout âge pour faire des maths sans le savoir.

30

Détournement de comptines

Servez-vous d'une comptine usée pour la retransformer à votre goût ; vous en garderez les principales composantes, la structure rythmique, pour la dévier légèrement, en substituant quelques mots tout en sauvegardant les rimes :

« Un, deux, trois nous irons au bois »
peut donner par exemple :

Un, deux, trois, nous avons bien froid !
Quatre, cinq, six...

Un petit raton pendu au plafond...
Tirez-lui la queue, il donnera des bleus !

*** Retravailler de courts textes puisés dans le patrimoine enfantin, c'est déjà initier l'enfant aux bonheurs de la création poétique.*

31

La corde chinoise

On tend une corde à la hauteur de la ceinture environ. Les joueurs se succèdent et lancent deux coups de pied dans la corde : un devant, un derrière (plus difficile !). Celui qui échoue va remplacer un des porteurs de corde. En cas de réussite, on lève la corde de quelques centimètres. On lèvera la corde ainsi de plus en plus haut, jusqu'à ce que les meilleurs concurrents eux-mêmes ne puissent plus l'atteindre.

** *Un jeu de corde et de souplesse très apprécié en Chine populaire.*

Course au pop-corn

32

Il faut disposer pour cette course de deux bols, de quelques pop-corn (ou céréales soufflées) et d'une paille. Le jeu consiste à transvaser entièrement le stock de pop-corn d'un bol à l'autre, à la seule force de son propre souffle, par aspiration. On peut jouer seul, contre la montre, ou bien faire une course à deux concurrents ou plus.

** Pour agir sur son souffle et prendre conscience de ses deux phases : inspiration, expiration.*

33

Prière de relaxation

En position agenouillée, bras le long du corps. Il faut se pencher lentement vers l'avant, jusqu'à poser doucement le visage penché sur le sol : on peut garder la position quelques minutes, le temps de se détendre en fermant les yeux, tout en étirant le dos.

* *Excellent pour se calmer et relaxer son corps après une activité plus dynamique.*

34

Photo-graphismes

Compulsez ensemble une revue et mettez-vous en chasse : il faut trouver une photo qui inspire particulièrement votre enfant (corps humains ou animaux, monuments, visages...). Découpez-la en deux (verticalement ou horizontalement) puis collez-en une seule moitié sur une feuille blanche : votre artiste va devoir reconstituer (fidèlement ou non) la seconde moitié du portrait d'origine. Point n'est besoin de matériel sophistiqué : feutre fin, stylo à bille ou crayon noir feront parfaitement l'affaire, seul le geste graphique compte ici. Vous serez sans doute surpris du résultat final...

*** *Retravailler à sa façon une image préexistante pour se l'approprier et améliorer la maîtrise du geste graphique.*

Quand on fait des crêpes chez nous...

35

Versez 250 g de farine dans une grande terrine : après y avoir creusé un puits, ajoutez 3 œufs, une pincée de sel, et un demi-litre de lait que vous verserez petit à petit, tout en mélangeant avec une cuillère en bois. Allégez l'ensemble avec de l'eau de façon à obtenir une pâte très fluide. Laissez reposer une heure environ.
Faites bien chauffer deux petites poêles huilées, versez un peu de pâte : celle-ci doit grésiller sans adhérer. Faites sauter, et variez les garnitures salées ou sucrées.

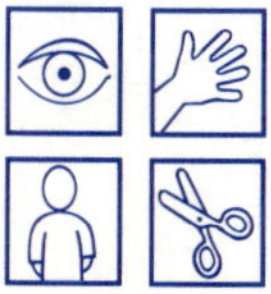

✱ Les crêpes sont magiques et délicieuses. La recette en est simple, et votre enfant pourra l'effectuer pratiquement tout seul... à l'exception de la cuisson !

36

Graffitis

Votre enfant commencera par recouvrir (uniformément ou non) une petite carte blanche de type bristol à la surface bien lisse, d'une couche d'encre ou d'aquarelle. Il s'appliquera ensuite à cacher cette première couche en la coloriant entièrement à l'aide de pastels à l'huile, en monochrome ou couleurs mêlées au choix. C'est cette surface qu'il va « graffiter », c'est-à-dire graver à l'aide d'une pointe quelconque (vieux stylo à bille ou à plume sans encre). Le graffiti laisse apparaître la couche originelle.

✱✱ Une technique d'inspiration primitive pour mettre en valeur et renouveler les réalisations graphiques.

37

Dans sa maison un grand cerf

- Dans sa maison
- Un grand cerf
- Regardait par la fenêtre
- Un lapin venir à lui
- Et frapper chez lui.
- Cerf, cerf !
- Ouvre-moi
- Ou le chasseur me tuera.
- Lapin, lapin
- Entre et vient
- Me serrer la main.

*** Ce chant à mimer à volonté exerce la mémoire et la prononciation. On peut apporter une variante en se contentant uniquement de faire les gestes correspondant à certaines parties, sans les chanter.*

38

Kim-disparition

Le jeu de Kim est bien connu, en voici une variante simplifiée : disposez sur une table une dizaine d'objets hétéroclites, puis demandez à votre enfant de les observer attentivement. Subtilisez à présent un des objets pendant qu'il a le dos tourné. A lui de retrouver le nom de l'objet manquant. Vous pouvez augmenter la difficulté en mélangeant les objets entre eux, en augmentant leur nombre, ou en ôtant deux objets, puis trois, etc.

**** Savoir exercer son sens de l'observation, de déduction, puis employer le mot juste.*

39

Voyelles

Choisissez une phrase simple comme point de départ, par exemple : « Qu'est-ce que tu dis ? », puis passez-la à la moulinette des voyelles, ce qui vous donnera à peu près :

A « Qu'a-ç'qu'a ta das ? »
E « Qu'e-c'que te de ? »
I « Qu'i-c'qui ti dis ? »
O « Qu'o-c'quo to dos ? »
U « Qu'u-c'quu tu dus ? »

** Triturer le langage pour mieux le maîtriser, se donner l'illusion de parler une autre langue, les enfants ne s'en lassent jamais...*

40

Le Sey

On commence par graver dans le sable deux cercles concentriques, d'environ 45 à 50 cm de diamètre. Les deux joueurs s'installent face à face, de part et d'autre des cercles ; le diamètre délimite deux zones. Chacun va creuser trois petits trous dans la sienne.
Il s'agit de découvrir le *« tibi »,* petit caillou et enjeu de la partie de Sey. Le premier joueur, désigné par une comptine, commence la partie : il enfouit le tibi dans une poignée de sable, puis remplit chacun de ses trous, dans un mouvement de gauche à droite : le tibi va tomber subrepticement dans un des trois trous, toute la difficulté du jeu consistant à ne pas se faire voir par son adversaire. Celui-ci désigne alors le trou qui, à son avis, contient le tibi. S'il réussit, c'est à lui de cacher le tibi. Dans le cas contraire, le premier joueur continue à cacher le tibi, mais auparavant il creusera un nouveau trou. Attention, il est interdit de cacher le tibi deux fois dans le même trou ! La partie se termine quand un des joueurs atteint le territoire de l'autre.

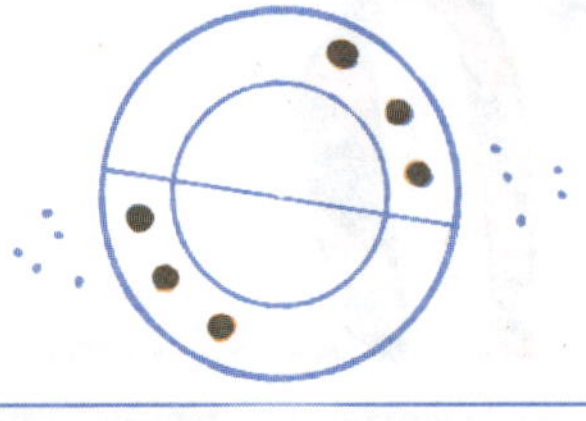

*** Jeu africain de stratégie, d'adresse et de hasard à la fois.*

41

La roue

Cette « roue » se prépare à genoux sur un tapis, le corps à la verticale, les bras le long du corps et les jambes légèrement écartées : la tête se penche lentement vers l'arrière, les reins se creusent pendant que les mains vont agripper les chevilles. La roue s'est formée, et la position peut être gardée un court moment avant de retrouver le repos, allongé sur le dos et les yeux fermés.

**** Du yoga pour assouplir la colonne vertébrale, développer la cage thoracique, se muscler le ventre, les cuisses et les bras.*

Cible de sable

42

Tracez ensemble une vaste cible dans le sable. Y délimiter cinq zones concentriques numérotées de 1 à 5 (le 5 se trouvant au centre). Convenez ensuite d'une distance minimale concrétisée par une ligne. Le jeu consiste à lancer trois projectiles par joueur (galets, coquillages) dans la cible, en comptabilisant bien sûr le plus grand nombre de points. On peut recommencer la partie autant de fois qu'on le désire. Les points de chaque joueur seront inscrits sur un tableau dessiné dans le sable.

** Ce jeu de lancer fait intervenir des facultés d'adresse ; de plus, on y fait des maths sans le savoir, puisqu'on s'exerce aux toutes premières additions !*

Tracés en pointillés

43

On commence par parsemer une feuille de papier, un peu au hasard sur toute la surface, de petits points assez espacés. Ils seront le fil conducteur du graphisme : le jeu consiste à créer un motif (figuratif ou non) en reliant les points les uns aux autres. Les premiers tracés, guidés par le hasard, pourront en générer d'autres, puis inspirer des formes inattendues. On pourra ensuite colorier ou peindre l'ensemble (une couleur par zone de préférence) et agrémenter le tout par quelques détails bien choisis.

∗ Améliorer la maîtrise du geste graphique et débloquer l'imagination par le jeu des contraintes et du hasard.

44

Copy-art

Si vous avez à votre portée une photocopieuse, profitez-en pour tenter ensemble des copies insolites : tissus froissés ou à motifs, chaussures, cheveux, mains, profil, clefs, porte-monnaie... Les éléments exposés, même les plus simples, sont étonnamment transfigurés par la magie du noir et blanc.
Vous pourrez ensuite imprimer un mouvement à vos modèles : bouger la main par exemple, en balayant lentement la vitre lumineuse, ou les baskets, en une sarabande au ralenti, ou encore l'effleurer du visage (face puis profil). Gardez les résultats les plus intéressants, vous pourrez retravailler les autres : une trame de tissu froissé, découpé puis collé sur une feuille blanche, pourra inspirer un prolongement inattendu (dessin, collage...). Une magnifique paire de gants ou de baskets, découpés et collés, puis recoloriés, viendra compléter un portrait préexistant, ou en constituera le point de départ.

*** Multiplier les variations de reproduction et développer la passion du photomontage.*

Masque interplanétaire

45

La structure de ce masque inspiré de la science-fiction sera façonnée en simple papier aluminium ménager (plié en quatre épaisseurs pour une consistance satisfaisante) et directement modelé sur le visage. On pratiquera bien sûr les ouvertures yeux/bouche aux endroits adéquats.
Le visage pourra être laissé brut, ou décoré aux encres de couleur, puis orné d'une chevelure d'aluminium (longues bandes découpées et collées autour du masque) ou de tout autre matériel de récupération. Un élastique fin glissé au dos du masque soutiendra l'ensemble.
Si l'on désire un costume complet, un grand sac poubelle troué au cou et aux épaules offrira une combinaison fort convenable à la créature intersidérale.

** Effet « sidérant » pour une réalisation express à partir d'un matériel minimal.*

46

Bruitages

On commence par la distribution des rôles : si vous n'avez qu'un acteur, chargez-le d'un ou de plusieurs bruitages (les plus simples sont les rôles d'animaux : chien, chat, vache... dont il faut imiter miaulements, beuglements, etc.). Répétition générale, la pièce peut commencer. Racontez une histoire en faisant intervenir différents animaux. Dès que vous en prononcez le nom, votre bruiteur entre en action.
Vous pourrez augmenter la difficulté (et l'hilarité) en faisant se succéder de plus en plus rapidement les différents protagonistes ou (plus diabolique encore !) en les faisant intervenir en même temps...

*** Un jeu cocasse qui demande de l'attention, des réflexes, et des dons incontestables d'imitateur. Possible en voiture... si le conducteur le supporte !*

47

On-our !

Vous êtes affligés d'un terrible défaut de prononciation : votre langue reste désespérément collée au fond de votre bouche. Pas facile de se faire comprendre ! Commencez à vous entraîner en chantonnant une ritournelle bien connue (du genre « Frères Jacques »)... Très joli ! Faites subir ce traitement à vos chansons préférées, puis tentez de vous faire comprendre en engageant la conversation. Curieux dialogue où la plupart des consonnes s'effacent :

- on-our-a-a-e, è-on-ien-un-i-è ?

Vous n'avez pas compris ? Bon, traduction : Bonjour madame, c'est combien un ticket ?

*** *Jouer à exaspérer les défauts de la langue pour en améliorer la maîtrise et l'articulation.*

48

Le Nim

Il faut simplement pour ce jeu réunir un tas de cailloux, d'allumettes, de pièces ou de coquillages. On crée autant de petits tas qu'on le désire, peu importe le nombre d'éléments présents dans chaque tas.
Lorsque le jeu est prêt, les joueurs s'emparent tour à tour d'un certain nombre d'éléments, ou d'un tas en totalité s'ils le désirent. Le jeu se termine au moment où un joueur est contraint d'attraper le dernier élément du jeu : perdu !

*** * Un des premiers jeux de stratégie : matériel minimal, mais concentration et réflexion obligatoires !*

49

Balle au but

Votre enfant, transformé en cage à but, se tient à quatre pattes, le dos bien droit et les jambes légèrement écartées : faites rouler doucement un ballon sous son corps ; il doit alors intercepter la balle en abaissant ses fesses sur ses talons, le visage au sol. Vous pourrez envoyer le ballon un peu plus rapidement par la suite pour corser un peu la difficulté.

* * *Pour entraîner les réflexes et la souplesse du corps.*

Le cheval à cornes

50

Un des joueurs, « le cheval », en porte un autre sur son dos. Le cavalier lui forme une magnifique paire de cornes, avec un nombre quelconque de doigts. Le cheval doit alors deviner le nombre de cornes brandies de chaque côté de sa tête. S'il y réussit, il deviendra cavalier à son tour, et imposera la même épreuve à sa monture...

*** Une monture à cornes, tout droit sortie de la mythologie enfantine, que l'on se fait un plaisir de chevaucher. De plus, il faut savoir compter au moins jusqu'à cinq...*

J'aime la galette

51

J'aime la galette
Savez-vous comment ?
Quand elle est bien faite
Avec du beurre dedans !
Tra la la la la la la la lère
Tra la la la la la la la la,
Tra la la la la la la la lère
Tra la la la la la la la la.

La galette est-elle bien cuite ?
- Oui !
La galette est-elle bien dorée ?
- Oui !
La galette est-elle bien sucrée ?
- Oui !
Alors il faut la manger : tournons la galette !

*** Un jeu chanté et dansé délicieux pour les petits gourmands !*

Fenêtre ouverte sur...

Découpez dans une revue une photo ou un portrait peint (la confrontation peinture/réel peut se montrer intéressante) ou encore une statue, puis une autre photo-portrait en très gros plan, d'un thème fort éloigné du premier. Découpez des fenêtres sur trois côtés ou trouez au niveau des yeux, des narines et de différents orifices à votre gré. Superposez les deux photos : les fenêtres et orifices béants de la première s'ouvriront sur la seconde en une rencontre sans aucun doute surprenante.

** *Pour organiser des rencontres plastiques étonnantes.*

53

Craies et papier

Choisissez un support neutre (papier canson gris, papier kraft), qui mettra en valeur les couleurs. Demandez à votre enfant de réaliser un dessin à l'aide de craies à tableau, blanches et de couleur. On peut estomper avec un mouchoir en papier ou laisser brut. Fixez l'œuvre en la vaporisant de laque. Admirez, encadrez !

* *Une technique simple et peu coûteuse.*

54

Le potiron de Noël

Il vous faut un potiron entier : après avoir dégagé un couvercle sur le haut du légume, évidez-le soigneusement avec une cuillère à soupe (vous préparerez une soupe succulente en faisant mijoter la chair dans du lait, un peu d'eau et de sel). N'oubliez pas de laver puis de faire sécher les graines, vous en ferez des colliers ensemble en les piquant successivement à l'aiguille. Vous délimiterez ensemble l'emplacement des yeux, du nez et de la bouche, découperez et éviderez les orifices de forme triangulaire (n'oubliez pas les dents, le potiron doit être hilare !). Garnissez l'intérieur d'une grosse bougie (ou de plusieurs petites), allumez, remettez le couvercle : le gros lampion d'une belle couleur orange prend vie...

*** *Une tradition annonciatrice de Noël à redécouvrir, le potiron est un légume merveilleux de générosité. La participation efficace de votre enfant est limitée, mais son plaisir est garanti.*

55

Chassez l'intrus !

Déclinez une série de quatre éléments dans lesquels vous aurez perfidement glissé un intrus : charge à votre petit détective de le découvrir. Les premières listes seront faciles : « Banane, chameau, pomme, poire », ou « Jaune, vert, rouge, casserole »... à vous d'imaginer les cortèges les plus surréalistes !

*** * Mémoire, réflexion, logique et vocabulaire sont mis à contribution dans ce jeu de langage et d'observation.*

Le furet

Pendant qu'un joueur se retourne, on s'installe tous autour d'une table. Une pièce de monnaie passera subrepticement de mains en mains pendant qu'on chantera le fameux :

Il court, il court, le furet
Le furet du bois mesdames
Il court, il court, le furet,
Le furet du bois joli.
Il est passé par ici,
Il repassera par là...
Qui est-ce qui l'a ?

A cette question, un concurrent devra deviner où se trouve la pièce. S'il y parvient, il sera remplacé par le détenteur en question.

* *Pour exercer ses facultés d'écoute et d'observation.*

57

Impossible !

C'est une variante des « combles » (du jardinier, du coiffeur...). On part d'une structure du type : « *Il était tellement... que...* » en la complétant de la manière la plus invraisemblable : « *Il était tellement fort qu'il arrivait à soulever la tour Eiffel d'un doigt* »... ou bien : « *Il était tellement sûr de lui qu'il parvenait à regarder le soleil en face* » ou : « *Il était tellement peureux qu'il avait peur d'une fourmi* »...

*** Un jeu de langage et d'esprit qui fait intervenir humour et imagination.*

L'avion de paille

Faites découper puis décorer deux bandes de papier par votre jeune graphiste. Formez deux anneaux en ayant soin de laisser, en les scotchant, un petit espace de manière à pouvoir y intercaler une paille. Veillez à bien régler l'écart entre les deux bandes. Lancez l'engin. Bon vol !

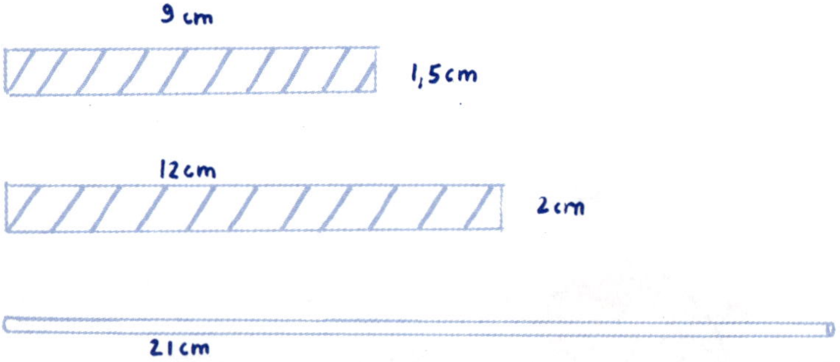

** Régler l'écart pour obtenir différentes sortes de vol, essayer, observer, tâtonner... une véritable démarche scientifique !*

59

Jeu de la loque

Un grand cercle est tracé au sol, d'un diamètre de 1 m environ. On s'éloigne alors sur la ligne de tir, et chacun envoie son projectile (un caillou, une pièce de monnaie, un coquillage, un marron...) dans le cercle : il faut se rapprocher le plus possible du diamètre. Le joueur le plus proche de la ligne va tenter alors de toucher le projectile de son voisin à l'aide d'un petit caillou (c'est la « loque ») : s'il réussit à le sortir du cercle, le point est pour lui. Dans le cas contraire, c'est à son adversaire de tenter sa chance.

** *Très ancien jeu de lancer et d'adresse.*

60

Château de mains

On monte un « château » en superposant les mains des joueurs : poing fermé, pouce en l'air, le deuxième poing attrape le premier pouce, et ainsi de suite jusqu'à ce que l'édifice soit complet. Le propriétaire du premier poing doit alors se dégager vivement et tenter d'attraper l'une des mains de ses adversaires.

✱ Un jeu de mains dont l'origine remonte à la Grèce antique : il développe les capacités de réflexe.

61

Régates en baignoire

Prélevez quelques moitiés de coquilles de noix intactes. Les voiles seront en papier décoré (rectangles ou triangles), fixées aux mâts d'allumettes par un peu de pâte à modeler. La flottille sera mise à l'eau de la baignoire... Prêts ? Partez, soufflez...

** Cette fabrication conduit à observer la force de l'air et du souffle, la résistance des voiles, l'efficacité des différentes formes de voiles offertes à l'action de l'air.*

Photocopies en mouvement

62

Vous aurez besoin pour créer ce montage de deux photocopies identiques : soit en photocopiant deux fois une photo (corps en mouvement, visage, animal) après l'avoir prélevée dans un magazine, ou en tirant deux fois de suite le profil de votre enfant (visage exposé directement sur la vitre d'une photocopieuse). Vous posez les tirages l'un sur l'autre et les fixez à l'aide de trombones.
Muni d'une règle et d'un crayon, votre enfant va tracer des lignes droites parallèles au dos des photocopies, puis les découper une à une. Il faut alors coller les deux premières bandes identiques côte à côte sur une grande feuille, et continuer ainsi de suite dans l'ordre jusqu'à ce que le double portrait soit entièrement reconstitué : curieuse anamorphose d'une photo qui s'étire et se met alors en mouvement.

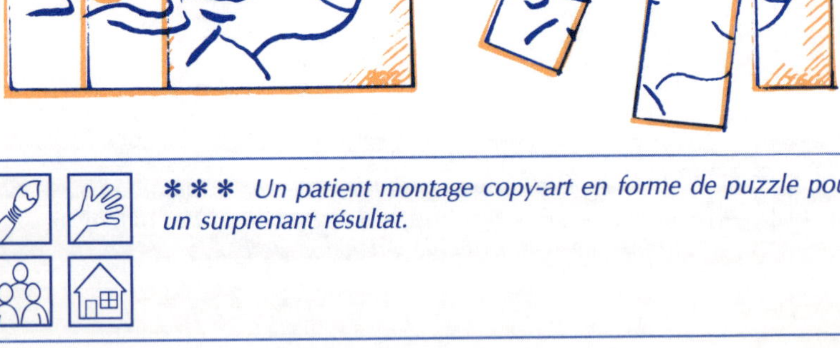

*** *Un patient montage copy-art en forme de puzzle pour un surprenant résultat.*

63

Lettres animées

Munissez votre petit artiste d'une paire de ciseaux à bouts ronds et d'un quotidien : il découpera les lettres des moyens et des plus gros titres (on s'amusera sans doute à en reconnaître quelques-unes au passage). Formez-en un mot quelconque (vous pouvez le lui laisser reconstituer après avoir brouillé les lettres !). Incitez-le ensuite, à l'aide de feutres, à agrémenter, prolonger, animer et décorer chaque lettre d'un motif de son cru : le A pourra par exemple donner naissance à un bonhomme à tête pointue et jambes écartées, le I au garde-à-vous pourra arborer un beau chapeau, le L se fera petit personnage assis... Laissez parler l'imagination !

*** Pour jouer avec les lettres, se les approprier tout en commençant à se familiariser avec l'écrit.*

64

Musique de verre

Disposez trois verres (solides) diversement remplis d'eau : faites-les tinter à l'aide d'un couvert quelconque. Essayer de vous approcher le plus possible (en variant les niveaux de liquide) des trois notes do, ré, mi, et demandez à votre enfant de les disposer dans l'ordre (de la plus grave à la plus aiguë). Puis tentez ensemble de reconstituer une mélodie simple sur trois notes (premières mesures d'« Au clair de la lune » par exemple). Vous pouvez bien sûr varier le rythme (piano, allegro...) et retrouver des mélodies plus élaborées avec d'autres notes, donc avec d'autres verres plus ou moins pleins.

*** *Jouer avec les sons, exercer l'écoute et l'attention à l'aide d'instruments de fortune.*

65

Menteur !

Il faut connaître les « familles » du jeu de cartes (cœur, carreau, trèfle, pique). On se partage l'ensemble du paquet, puis le premier joueur abat une carte (face visible) en annonçant la couleur à suivre : carreau ! (par exemple). Chacun, à son tour, abat une carte (face cachée) en annonçant « carreau » jusqu'à ce que l'adversaire annonce le fatidique : « menteur ! » On découvre alors la carte en question : si c'est bel et bien du carreau, l'adversaire (mauvais esprit) remporte tout le paquet. Si le joueur a menti, c'est lui qui empoche, en pénitence. Le joueur malchanceux redémarre avec une autre couleur.
Le but du jeu est de se débarrasser le premier de toutes ses cartes : on peut accélérer le mouvement en déposant un petit paquet de cartes (en annonçant innocemment la couleur demandée) ; le seul risque est de remporter toutes les cartes si l'adversaire, circonspect, s'en aperçoit et s'écrie : « Paquet ! ».

♠♥♦♣♥...

*** * On peut simplifier le jeu en ne gardant que les couleurs (rouge, noir).*

66

Un pou, une puce...

Un pou, une puce,
Assis sur un tabouret,
Jouaient aux cartes,
La puce perdait.
La puce en colère,
Attrapa le pou,
Le flanqua par terre,
Lui tordit le cou.
— Ah, madame la puce,
Qu'avez-vous fait là ?
— Je n'ai fait qu'un crime,
Qu'un assassinat !

* *Cette charmante comptine assassine se mémorise aisément.*

Le serpent venimeux

Le serpent menaçant (une grosse corde) ondule au sol, manié vigoureusement par un accessoiriste, pendant que l'on s'évertue à sauter par-dessus en tous sens sans le toucher : il est terriblement venimeux et le moindre contact occasionne l'élimination temporaire du jeu.

*** Développe l'attention et les réflexes pour réussir à sauter sans toucher l'obstacle.*

68

Bowling sur ventre

Assis par terre, jambes serrées et tendues, les mains posées latéralement au sol : on pose un ballon sur ses pieds, en tentant de le faire rouler doucement vers le haut du corps en levant progressivement les jambes. Lorsqu'il a fini son périple (en haut des cuisses), il prendra lentement le chemin du retour : il faut pour cela poser les pieds au sol, puis lever légèrement le haut du corps et les fesses, pour que le ballon redescende doucement le long des jambes, sans tomber bien sûr !

✱✱✱ *Un peu difficile, mais excellent pour développer concentration et coordination, muscler le ventre et les cuisses.*

69

Cache-cache réveil

Il faut deux concurrents pour ce jeu et un réveil (ancien modèle, à tic-tac sonore) que vous déposerez à égale distance des joueurs. Bandez leur les yeux et donnez le signal du départ : le gagnant est le premier qui réussit à s'emparer du réveil, guidé par le tic-tac.

** On peut s'amuser en solo à retrouver le réveil : il faut faire preuve d'attention et savoir tendre l'oreille.*

70

Totems sans tabous

Vous aurez au préalable mis de côté et nettoyé quelques emballages (boîtes d'œufs, de fromage, pots de yaourts, de petits suisses...), de toutes formes, de toutes couleurs et matières. Quand votre collection sera suffisante, invitez votre artiste préféré à échafauder des personnages, robots, statuettes et sorciers en tous genres, à la manière des totems des civilisations lointaines. Vous maintiendrez les différents éléments avec une colle appropriée. Quant à la décoration, tissus, ficelle, papiers collés, bandes plâtrées... l'imagination enfantine et débordante fera le reste...

*** Ce jeu de création en volume initie aux dures lois de l'équilibre, stimule l'imagination et l'habileté manuelle.*

71

Bonshommes à croquer

Préparez la pâte ensemble : il faut compter pour 500 g de farine, 250 g de sucre, 2 œufs, 1 tasse à café de lait, vanille, cannelle ou autre. Travaillez la pâte du bout des doigts (ô, joie !), il faut qu'elle reste un peu grumeleuse. Laissez reposer une heure avant le modelage proprement dit.
Votre petit mitron va prélever une petite boule et l'aplatir sur une surface farinée : alors commence la création du bonhomme ou de l'animal. Evitez simplement les détails fins, qui risquent de se briser à la cuisson. On peut agrémenter le tout avec raisins secs, fruits confits...

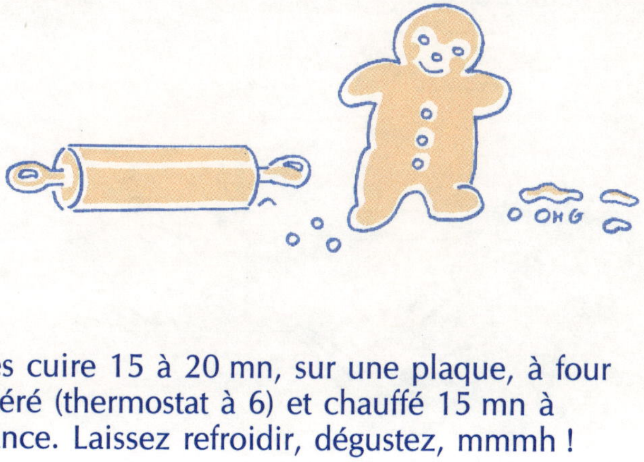

Faites cuire 15 à 20 mn, sur une plaque, à four modéré (thermostat à 6) et chauffé 15 mn à l'avance. Laissez refroidir, dégustez, mmmh !

*** Voici une délicieuse façon d'exercer ses talents manuels et dégustatifs. Nombreuses sont les découvertes de tous ordres : olfactif, tactile... Verser, mélanger, ajouter, toutes notions extrêmement profitables à exercer avec habileté par votre enfant.*

Drôles de taches !

Sur une feuille assez épaisse de papier blanc ou de couleur, déposez une tache d'encre (noire ou de couleur) de bonne taille. Votre enfant, armé d'une paille, va souffler sur la tache, en jouant sur l'intensité de son souffle et sur la direction donnée à la tache.
Vous verrez alors se profiler de bien étranges silhouettes, êtres drolatiques au corps boursouflé ou effilé, aux cheveux dressés, aux tracés tremblés, nés des hasards mêlés du souffle et de l'instant. On peut bien entendu compléter les personnages grâce à d'autres techniques graphiques (crayon, feutre, pastels, peinture, etc.).

** Cette technique originale aide à prendre conscience du mécanisme de la respiration (inspirer, expirer) et à ne dessiner que par la force de son souffle. Les effets graphiques en sont étonnants...*

Qu'est-ce que je peux faire ?

73

Qu'est-ce que je peux faire avec une chaussure, par exemple ?. Le débat est ouvert et toutes les trouvailles (sauf invraisemblance notoire) sont les bienvenues : chacun énonce une solution à son tour et l'on ne peut aborder un autre sujet que lorsqu'on a fait le tour de toutes les possibilités d'utilisation (qui sont quasi infinies !).

*** Un prétexte à des digressions purement verbales, propres à activer mémoire et imagination.*

74

Tour de cartes

Dans un jeu, votre enfant choisira une carte au hasard. Lorsqu'il l'aura observée sans vous la montrer, ouvrez le paquet pour qu'il la replace. Profitez-en pour apercevoir discrètement la carte qui va venir recouvrir celle de l'enfant lorsque vous refermerez le paquet. Coupez ensuite deux ou trois fois le jeu, en évitant soigneusement l'endroit où se trouve la carte mystérieuse.
Il suffira alors de retrouver la carte aperçue et de présenter au bambin ébahi celle qui se trouve juste en dessous : « C'est celle-là ! ».

*** Ce tour de passe-passe permettra à votre enfant de se familiariser avec les figures d'un jeu de cartes traditionnel ou des 7 familles.*

75

Le petit théâtre

Choisissez une phrase (vous pouvez l'emprunter aux contes les plus populaires, par exemple : « Tiens, quelqu'un a goûté à ma soupe... Ça sent la chair fraîche... Miroir, mon beau miroir... » et amusez-vous ensemble à la prononcer sur tous les tons possibles, y compris bien sûr les plus éloignés du vraisemblable. Vous pouvez moduler vos tons sur commande, ou vous amuser à deviner à tour de rôle qui les prononce (sorcière, jeune enfant, ogre, intonation joyeuse ou sinistre, effrayée ou menaçante...).

** *Pour s'amuser des différentes intonations, et jouer la comédie.*

76

Les petits cailloux

Chaque joueur dispose une dizaine de petits cailloux en ligne devant lui ; on désigne par une comptine le joueur qui commence. Le jeu consiste à aller dérober un par un les cailloux de l'adversaire, mais en portant en équilibre un caillou sur le dos de sa main : tout caillou subtilisé à l'adversaire vient s'ajouter à sa propre rangée.
Si le caillou tombe, c'est à l'adversaire de jouer : il continue l'aller et retour pour son propre compte, jusqu'à ce que le caillou en équilibre tombe à son tour. Le jeu se termine quand un des joueurs s'est laissé déposséder de tous ses cailloux.

**** Un jeu d'adresse et de préhension qui demande beaucoup de calme et de maîtrise.*

77

Vol immobile

L'oiseau va déployer ses ailes, debout, jambes écartées : il emmagasine l'air dans ses poumons et se penche en avant tout en expirant peu à peu, jusqu'à ce que le corps soit en position perpendiculaire. Il bat légèrement des ailes lorsque son expiration est achevée, puis remonte peu à peu en inspirant amplement.
Recommencer le mouvement plusieurs fois, avant de reprendre une respiration normale.

*** Apprendre à respirer à fond, à contrôler son souffle tout en travaillant la souplesse et l'équilibre du corps.*

Le gnome

Il faut deux compères pour réaliser cette animation d'un effet saisissant : l'un (la tête et les jambes) se place devant et enfile un pull trop grand, excepté les manches qu'il laisse à son comparse à l'arrière (les bras) ; il mettra, lui, ses bras dans un short, ses mains dans des bottes ou des chaussures montantes. On complète le déguisement grâce à divers accessoires : chapeau, lunettes, barbe... Il faut alors s'entraîner devant une glace pour faire bouger le monstre.
On peut dresser une table couverte d'une longue nappe, puis tenter de faire dîner le gnome (qui aura l'air d'être assis sur la table) devant l'assistance horrifiée : difficile pour les petits bras aveugles du comparse de manipuler les couverts, se verser à boire et viser une bouche qui n'appartient pas au même propriétaire !

** *Un numéro inquiétant : succès garanti !*

79

Revus et corrigés

On se souvient de la *Joconde* revisitée par Marcel Duchamp, arborant une magnifique paire de moustaches ; pourquoi ne pas faire subir le même traitement impertinent à des portraits célèbres de l'histoire de la peinture ou de la photographie ? Les différents accessoires (moustaches, lunettes, barbe, chapeaux) seront soit découpés au préalable dans des revues, soit dessinés ou coloriés sur mesure...

* *Pour que l'irrévérent esprit dada souffle encore longtemps !*

Pastels sur papier de verre

80

Sur une carte de papier de verre, les dessins auront une texture toute différente : l'utilisation des pastels gras donne des résultats intéressants, mais on peut renouveler l'expérience à la gouache ou aux crayons de cire.

** Être confronté à un support nouvelle manière, jouer avec l'aspect rugueux, varier l'épaisseur du trait : un renouvellement des techniques pour mieux stimuler l'imagination.*

La nougatine

81

Un délicieux parfum d'enfance pour cette recette que vous préparerez ensemble : comptez (par paquets de 7 !) 70 morceaux de sucre dans une casserole à fond épais. Versez un verre d'eau, laissez mijoter à feu doux jusqu'à ce que le mélange prenne une belle couleur caramel. Ajoutez alors une cuillérée à café de vinaigre de vin, puis les noisettes ou amandes, cassées ou non. Versez dans un moule carré ou rectangulaire bien graissé, laissez refroidir, dégustez !

** Compter les morceaux de sucre, casser amandes ou noisettes, humer les odeurs, goûter... Plaisirs et découvertes mêlés !*

Coups de dés

82

Chacun des joueurs dispose devant lui d'une figure géométrique identique (triangle, rond, carré tracés dans le sable, sur une feuille, ou découpés dans du carton) et d'une réserve de pions (pièces, galets, coquillages...). On lance son dé chacun son tour et on recouvre la figure d'autant de pions que de points indiqués par le dé : le premier à avoir recouvert entièrement sa figure a gagné !

* *Un jeu de dés extrêmement simple où l'on apprend en société et sans douleur à compter jusqu'à six.*

83

Le mot mystérieux

Choisissez secrètement un mot-devinette (marteau, pinceau, lasso...) que vous mimerez, afin de mettre votre petit auditoire sur la bonne voie. On mime et on devine à tour de rôle, bien entendu : il est tout aussi intéressant d'exprimer par une gestuelle la fonction d'un mot que de décrypter une mimique.

** *Trouver le geste et le mot appropriés.*

84

Chasseur de sons

Vous commencez à vous lasser d'entendre toujours les mêmes éternelles ritournelles ? Demandez donc à votre enfant de les exécuter (c'est le mot !) à l'aide d'instruments de fortune (rouleau de carton, tuyau, peigne recouvert de papier fin) ou bien en chantant dans une boîte en carton, une grosse casserole, ou plus simplement encore en se cachant la bouche avec la main, en serrant les dents, en fredonnant la bouche fermée et les oreilles bouchées (curieux sons, plutôt assourdissants !), bref, en partant à la chasse au son à l'aide d'une instrumentation des plus hétéroclites puisée dans les ressources du corps ou du cru...

✱ Comment faire de la musique avec tout et rien.

85

Le papillon

Votre futur papillon commence par s'asseoir, le dos bien droit et les jambes allongées devant lui sur un tapis : il va les plier et appliquer ses deux pieds talon contre talon. Après avoir attrapé ses deux pieds, en rapprochant le plus possible les talons du corps, il va imprimer un battement à ses deux genoux de haut en bas pour tenter de reproduire les battements d'ailes du papillon.

** Pour un bon assouplissement des articulations, qui permet de muscler tout le bas du corps.*

86

Le jeu des statues

Les joueurs se dispersent dans l'espace, après avoir déterminé par une comptine le gardien du musée. Lorsque celui-ci crie « Stop », chacun doit s'immobiliser en adoptant la même posture que celle du gardien, et la garder le plus longtemps possible... Le premier qui perd l'équilibre s'assied, le jeu reprend : il ne pourra se relever que lorsqu'il aura un remplaçant.

* *Un jeu de réflexe et d'équilibre, autant que d'expression corporelle.*

87

Bébé-gym

On s'allonge sur un tapis : respiration calme, détente ; on attrape alors un de ses genoux que l'on monte le plus haut possible vers la tête : il faut tenter de l'embrasser ! On administre le même traitement à l'autre genou et l'on recommence le mouvement trois fois. Ensuite, en attrapant les deux genoux repliés ensemble, on se balance lentement vers la droite jusqu'au sol, puis on remonte (sans lâcher les genoux) en se laissant doucement tomber vers la gauche. On peut renouveler le balancement droite-gauche une dizaine de fois.

* *Une gym-relaxation bienfaisante pour la colonne vertébrale et pour muscler le ventre et les jambes.*

88

Parachutes en séries

Aidez votre enfant à obtenir un carré en pliant une feuille de papier. Faites-lui découper, puis décorer ce carré (avec de larges rayures par exemple). Il s'agit ensuite de fixer à chaque coin un morceau de ficelle, de relier les quatre ficelles et de lester le tout à l'aide d'un personnage en matière incassable.

Testez le parachute en le faisant tomber de différentes hauteurs. On peut en réaliser d'autres à partir de matériaux et de formes différents, en augmentant la longueur des fils, le poids du « parachutiste », etc.

*** Fabriquer, décorer, expérimenter, observer, recommencer et créer d'autres conditions d'expérimentation... Autant d'activités passionnantes, faisant intervenir habileté manuelle et facultés d'observation.*

Beaux pochoirs personnalisés

89

Choisissez ensemble dans une revue un héros ou un objet fétiche que vous aimeriez reproduire. Votre enfant va décalquer soigneusement le motif et le reporter sur papier blanc. Épaississez les contours du dessin de façon discontinue à grands coups de feutre très épais, afin de créer les réserves. L'effet de volume de votre futur pochoir sera obtenu par des lignes droites ou brisées transversales.
Scotchez la feuille blanche derrière un rhodoïd : il vous faut alors découper (ciseaux ou cutter) par transparence les réserves créées. Enlevez la feuille blanche, puis appliquez le motif en rhodoïd sur la surface à décorer : bombez en noir ou en couleur (peinture pour voiture). Admirez, recommencez !

* *Comment tout personnaliser avec ses motifs préférés.*

90

Sculptures végétales

Un jour de pot-au-feu, mettez de côté quelques légumes : pommes de terre, carottes, poireaux, navets... Des allumettes ou pique-olives de bois serviront d'armatures, des feuilles de choux ou de salade aideront à l'habillage. Et voici une armada de petits gros (corps de patate), de longilignes (corps/carotte et tête de poireaux, fibres en l'air), aux yeux creusés ou prélevés sur d'autres légumes. On n'oublie pas quelques beaux chapeaux, en avant, marche !...

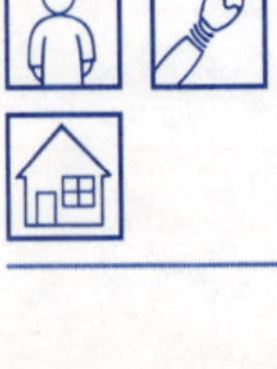

** *Une activité de sculpture peut s'improviser n'importe où, à partir de tous les matériaux imaginables : ces éléments naturels, détournés de leur fonction première, ont des odeurs, des résistances variées, sources d'incomparables sensations.*

91

Le bouffon du roi

Un des joueurs, le bouffon, va déposer aux pieds du roi (n'importe quelle « victime » de l'assistance) une offrande quelconque (la plus grotesque possible), en accompagnant son geste d'une phrase solennelle ou ridicule (Sire...). Mimiques, saluts, grimaces et contorsions variés devront faire perdre son sérieux au monarque du moment. S'il réussit à garder son sérieux, le roi deviendra bouffon à son tour, et aura la lourde tâche de dérider un autre monarque.

✱ *Un jeu-spectacle où l'on doit déployer d'infinis talents de contorsionniste et de comédien.*

92

L'opéra

Pourquoi ne pas vivre au quotidien une mini-comédie musicale, amorcer une conversation chantante, à la manière des films de Jacques Demy ? N'importe quel dialogue de la vie quotidienne fera l'affaire, on le transfigurera grâce à des lignes mélodiques improvisées. Bavardages en vocalises et disputes dédramatisées, joyeux prétexte à mêler fantaisie et humour aux situations les plus anodines.

** *Duo allegro pour le plaisir.*

93

Car ?

L'un lance une syllabe à la cantonade : il s'agit pour l'autre de trouver trois mots à partir de cette même syllabe.
Car ? -amel, -reau, -ton.
Pi ? -geon, -peau-, -lote.
Four ? -mi, -micro-onde, -chette...
et ainsi de suite jusqu'à expiration de l'inspiration.

*** *Compléter des mots en exerçant sa mémoire et en exploitant son vocabulaire.*

94

Puzzles mêlés

Vous collerez au préalable deux dessins (puisés dans le stock de votre artiste) ou deux photos (choisies dans un magazine) sur du bristol. Votre enfant, muni d'une paire de ciseaux, les découpera en morceaux plus ou moins grands. Mélangez bien tous les morceaux, et versez le tout dans une enveloppe. Il faut arriver à reconstituer le plus rapidement possible les deux images d'origine.

* *Création, destruction, observation et reconstitution.*

95

Guitare sommaire

Prenez une grosse boîte d'allumettes vide dont vous aurez ôté le couvercle : ce sera une caisse de résonance acceptable. Votre enfant va pouvoir s'occuper des cordes de sa mini-guitare : trois ou quatre élastiques de grosseur et surtout de sonorité différentes. Variez les tensions des cordes (il faut faire de nombreux essais avant d'arriver à un résultat satisfaisant !).
Vous aurez certainement droit à de nombreux concerts de free-jazz.

✱ *Un bricolage simplissime pour se livrer à de nombreuses recherches acoustiques.*

96

Positif/négatif

Prenez deux feuilles aux couleurs franchement opposées (blanc et noir, jaune et bleu...). Une feuille, disons la noire, sera laissée entière (et offrira le support final). L'autre sera coupée en deux. Votre enfant commencera par découper dans la petite feuille la silhouette de son choix (elle peut être très simple !). Conservez le contour évidé de la silhouette blanche.
En collant le motif découpé au milieu de la première moitié de la feuille noire puis, juste à côté, la petite feuille blanche évidée de son contenu, on aura la satisfaction d'obtenir une image dédoublée, positif et négatif.

*** Les motifs peuvent également se juxtaposer tête-bêche, en vis-à-vis, de façon à rythmer une surface plus importante.*

97

Mystery song

Amusez-vous à fredonner l'air d'une chanson bien connue de vous deux. Votre petit détective est chargé d'en retrouver les paroles.
Variante : à présent, c'est l'inverse. Vous lui déclamez les paroles d'un air un peu moins familier, sans rythme, en choisissant le ton le plus neutre possible ; à lui d'en retrouver la musique...

* * *Pour exercer sa mémoire, son sens du rythme et apprendre à chanter juste.*

98

Greli, grelo !

Un des joueurs recueille un nombre restreint de petits cailloux (pas plus de 5) dans ses deux mains jointes et prononce la formulette consacrée en les secouant bien en rythme : « Greli, grelo, combien j'ai d'sous dans mon sabot ? »
L'autre joueur doit alors deviner le nombre de cailloux. S'il a gagné, les rôles sont inversés.

* *Savoir tendre l'oreille et (tout de même !) compter jusqu'à cinq.*

99

Histoires commandées

La règle du jeu est simple : on propose deux mots (un animal et un objet, ou un homme et un animal... toutes les combinaisons sont possibles !) à intégrer obligatoirement dans une phrase ou une courte histoire. Les choses se compliquent évidemment si les deux mots en question n'ont que peu de rapport entre eux : il faut alors déployer beaucoup d'astuce pour les associer ! Essayez par exemple de réunir dans une petite histoire (pourquoi pas une courte fable ?) l'arc-en-ciel et la limace : cela peut se concevoir... mais le cache-col et la girafe, ou le chameau et le pharmacien ?

*** *Stimuler l'imaginaire pour mieux inventer.*

100

Marelle pour débutants

Tracez ensemble le parcours de votre marelle (droite, en spirale, carrée, ciel et enfer... au choix) à la craie ou creusée dans le sable. On conviendra au préalable du mode de locomotion : marche, course, saut à pieds joints, saut à cloche-pied... et des obstacles à franchir (soit de case en case sans toucher le tracé, soit en sautant une case à chaque fois, soit uniquement sur les lignes). C'est alors que l'on pourra introduire le palet proprement dit (petite boîte de métal ou de plastique à propulser dans une case donnée) pour créer ses propres règles, qui deviendront sans doute de plus en plus complexes.

** *Jeu de société d'extérieur pour perfectionner son adresse et son sens de l'équilibre.*

101

Yoga

L'apprenti yogi se tient assis au sol, dos bien droit et jambes tendues devant lui. Il plie la jambe droite, son pied vient se coller à l'intérieur de la cuisse gauche : il doit alors se pencher en avant pour arriver à ce que son front touche son genou gauche et que ses deux mains se saisissent de son pied gauche. Si c'est impossible, on simplifiera en attrapant la cheville. Le mouvement doit être exécuté lentement, sans forcer et en expirant progressivement quand le corps se plie en deux. On recommence ensuite en changeant de jambe.

*** * Excellent pour la souplesse générale, la musculation du ventre, enfin pour la relaxation.*

102

Le chef d'orchestre

On fait sortir un des joueurs puis on désigne le « chef d'orchestre ». Celui-ci indiquera subrepticement le changement d'instrument. Violon, flûte, piano, tambour, guitare, trompette... chacun des instruments de musique sera mimé par l'ensemble des concertistes, avec ou sans accompagnement musical. A son retour, posté au centre de l'orchestre, le joueur qui était sorti devra deviner qui mène la danse, et indiquer sans erreur le nom du chef d'orchestre. Il a droit à trois essais.

✱ Plaisir de mimer ensemble les instruments de l'orchestre, ou plaisir de commander, en leader clandestin. Quel que soit son rôle, on doit savoir observer, être attentif.

103

Jeu du volant

Commencez par découper la partie supérieure de deux bouteilles plastique : vous obtenez deux entonnoirs que votre enfant pourra décorer. La balle sera légère, pour en faciliter la réception : une boule de papier froissé recouverte de papier crépon de couleur par exemple.
Les deux joueurs s'éloignent (un peu pour commencer) et, en tendant leur entonnoir, se lancent puis tentent de rattraper la balle.

*** Un bricolage facile pour un jeu de lancer et d'adresse (moins facile).*

Exquis collages

Dans une revue artistique ou autre, découpez ensemble différents éléments : yeux, bouche, corps, etc. en ayant soin de les emprunter à des corps différents (humains, animaux, tableaux...). Amusez-vous ensuite, en docteur Frankenstein d'un nouveau genre, à reconstituer une créature surprenante, en ajustant à votre guise les différents éléments : déplacez, collez, admirez, encadrez !

*** Partir d'éléments préexistants à découper pour imaginer, coller et recréer : une passionnante occupation qui donne souvent d'excellents résultats.*

Monsieur Toutencarton

105

Récupérez des morceaux de carton de teinte, d'épaisseur, de texture différentes. Prenez une surface lisse et solide comme « fond ».
Le portrait sera réalisé en utilisant les variations de relief des matériaux rassemblés. Les morceaux de carton peuvent être découpés ou simplement déchirés. On peut agrémenter le tout grâce à des éléments d'origine naturelle : brins de grosse ficelle effilochée (moustaches, sourcils), « bourre » d'emballage en papier bouclé pour les cheveux...

** *Cette technique incite à n'utiliser que des matériaux relativement « pauvres », tant par leur manque de couleurs que par leur rugosité ; l'imagination, sollicitée par ce dénuement, se met au travail... Les résultats sont souvent étonnants.*

106

Roman à deux

Vous allez bâtir une histoire ensemble, chacun de vous y apportera la touche de son imaginaire personnel. Commencez donc par énoncer un mot, un seul (le, la, je ou tu). Votre petit collaborateur reprend votre mot, pour en ajouter un (nom, verbe ou adjectif au choix).
A votre tour, reformulez les deux premiers mots de votre « histoire » pour en ajouter un troisième de votre cru... Et ainsi de suite jusqu'à ce que votre œuvre collective vous satisfasse tous les deux.
On peut bien évidemment élargir le cercle des écrivains, en herbe ou confirmés !

**** Mémoire, imagination et vocabulaire sont mis en jeu pour cet excellent jeu de langage, entre création verbale et activité de mémorisation.*

107

Bonjour Philippine !

Traditionnellement, c'est la dégustation d'amandes ou de marrons chauds qui offre le point de départ du jeu : lorsque l'on découvre deux fruits jumeaux sous leur coque, chacun des joueurs déguste une des deux amandes en formant secrètement un vœu. Le lendemain au réveil, le premier qui a la présence d'esprit d'adresser à l'autre un victorieux : « Bonjour, Philippine ! » aura l'intense satisfaction de voir son vœu réalisé.

✱ On peut également tenter sa chance et relancer le jeu lorsque l'on prononce en même temps le même mot ou la même phrase...

108

Comment ?

Il s'agit ici de découvrir un adverbe mystérieux, voici de quelle manière : durant un questionnaire (dont le sujet importe peu) établi par son partenaire, on modulera ses propres réponses sur le modèle du fameux adverbe choisi. Si par exemple on a choisi « vite », il faudra répondre aux questions à toute vitesse. Si l'on a sélectionné « doucement », on chuchotera les réponses. Timidement, fort, bizarrement, peureusement, tristement, drôlement... Une bonne occasion d'explorer tous les répertoires possibles.

** *Pour trouver le mot juste et exercer ses dons d'acteur.*

109

La balle au chasseur

Attention, la chasse est ouverte : le chasseur, muni d'une balle ou d'un ballon, poursuit ses proies et tente de les atteindre en lançant le ballon. Le joueur touché ramasse le ballon et devient chasseur à son tour, le chasseur devient chassé, et tout peut recommencer...

** Adresse au lancer et rapidité sont les facultés requises pour ce jeu.*

110

La corde infernale

Un meneur de jeu se postera au centre d'un cercle d'enfants : il tourne sur lui-même en faisant tournoyer une longue corde au ras du sol, lentement puis de plus en plus vite. Les joueurs doivent sauter par-dessus la corde (sans se faire toucher bien sûr !).

** Faire preuve de réflexes et d'agilité, savoir anticiper pour sauter au bon moment.*

111

Jean Petit qui danse

Jean Petit qui danse,
Jean Petit qui danse.

De sa tête il danse *(bis)*

De sa tête, tête, tête

Ainsi danse Jean Petit.

Jean Petit qui danse *(bis)*
De son doigt il danse *(bis)*

De son doigt, doigt, doigt
De sa tête, tête, tête,
Ainsi danse Jean Petit.

Successivement, on désigne la main, le pied, la jambe, l'épaule, les hanches, les genoux, etc.

*** Ce jeu musical chanté et dansé permet d'énumérer les parties du corps, de les mémoriser tour à tour, de les faire « danser ». Tout le corps entre peu à peu en mouvement (on prend alors conscience que la danse peut faire intervenir tout le corps).*

112

Domino tactile

Les pièces rectangulaires du jeu de domino seront modelées en pâte à sel : une mesure de sel fin pour deux mesures de farine. Ajouter de l'eau jusqu'à obtenir une pâte élastique, que vous étendrez au rouleau. On découpera les formes au couteau avant de les graver : une ligne transversale séparera chaque pièce en deux parties égales. Un domino sera laissé totalement lisse ; un deuxième comportera une partie lisse, l'autre étant quadrillée par exemple. On pourra varier à l'infini les motifs en utilisant les empreintes de son choix : semelles, grille de passoire, dents de fourchette, tissu à trame épaisse, etc. L'essentiel est de créer pour chaque nouveau domino au moins trois possibilités d'affiliation (trois dominos auront une face lisse, trois une face quadrillée, et ainsi de suite). Les pièces seront passées au four moyen durant une demi-heure, puis peintes (les couleurs intervenant alors comme autre critère de choix), vernies ou encore laissées naturelles.

*** *Plaisir de fabriquer son propre jeu, et exercer son sens tactile soit pour une partie de dominos traditionnelle, soit pour un parcours en solitaire.*

Le mangeur de balles

113

Procurez à votre enfant un carton d'emballage de taille moyenne. Il y dessinera la (grosse) tête de l'avaleur, tout en ayant soin de lui ouvrir une large bouche (ronde, ovale, carrée, peu importe la forme pourvu que l'orifice soit accueillant). Divers éléments de récupération seront collés pour figurer les détails (cheveux, oreilles, yeux...).
Une fois terminée (on peut peaufiner à la gouache) la tête du gourmand, en bonne place, offrira la cible de son large bec pour avaler de légers projectiles (petites balles en mousse ou paires de chaussettes roulées en boule).

** Pour le plaisir de bricoler son propre jeu de massacre, avant de s'exercer au lancer d'adresse.*

114

Rêves éveillés

Proposez à votre artiste en mal d'inspiration de représenter un des rêves qui habitent régulièrement ses nuits. Quelle que soit la technique graphique utilisée, en noir ou en couleurs, scènes cauchemardesques ou paradisiaques, le résultat ne peut être que plein d'intérêt.

** *Loin de toute velléité d'interprétation, faire prendre vie à un rêve, coucher sur le papier ses plus beaux songes ou exorciser ses frayeurs nocturnes offrent un grand intérêt.*

Méli-mélo de comptines

115

Proposez le titre d'une comptine à votre petit interlocuteur, en mélangeant tous les mots : il sera chargé d'en rétablir l'ordre pour la décoder. Ce qui pourra donner par exemple :

gris-un-chat-petit,
nous-un-trois-irons-au-deux-bois,
un-poule-sur-une-mur,
souris-une-verte,
dimanche-c'est-demain

Puis il pourra vous proposer à son tour ses propres titres transformés.

*** * Un jeu de langage sous forme de devinette : disloquer pour mieux analyser.*

Domino des 7 familles

On peut organiser facilement un domino à l'aide d'un jeu de cartes des 7 familles, bon moyen pour apprendre à les décoder. Après distribution des cartes (6 cartes par personne par exemple, il faut garder une pioche), le premier joueur dépose la carte de son choix : disons dans la famille Tartempion, le père. Deux possibilités s'offrent au second joueur : déposer à la suite soit un père, soit n'importe quel autre membre de la famille Tartempion. Si le joueur en question est « sec », il aura recours à la pioche. Dans le cas où la pioche est vide, le malheureux « boude » et passe son tour. Le gagnant sera le premier à avoir épuisé son stock de cartes.

*** Savoir apparier deux cartes selon deux critères, c'est déjà exercer son sens de la logique, de l'observation et de la déduction.*

Qu'est-ce que tu tipotes ?

117

Choisissez sans le dire un verbe très courant *(manger).* Remplacez-le par le verbe « tipoter » dans une courte histoire destinée à faire deviner le verbe mystérieux. Ce qui nous donnera par exemple :
Hier soir, on a tipoté des crêpes et, comme il en restait, on en a encore tipoté ce matin. A midi, il faudra tout de même tipoter de la viande.
Comment, tu n'aimes pas tipoter des épinards ?...
On peut évidemment poser toutes les questions (est-ce qu'on tipote avec les pieds ?) pour tenter de résoudre l'énigme. Dès qu'elle est trouvée, on change de rôle.

*** *Pour s'amuser avec la langue, élargir son vocabulaire, réfléchir et faire de la conjugaison sans s'en rendre compte.*

118

L'avion

Il faut se tenir bien droit, bras tendus latéralement : une jambe s'élève alors lentement vers l'arrière, le plus haut possible sans perdre son équilibre (les deux jambes restent bien tendues, le corps se penche légèrement en avant). Après retour à la position de départ, effectuer le même mouvement avec l'autre jambe. Bon vol !

** *Pour s'exercer à garder son équilibre, muscler dos et jambes.*

119

Le mille-pattes

Plusieurs enfants se tiennent par la taille, en file indienne, pour former le mille-pattes. Il va alors se mettre en marche : en levant lentement la jambe gauche, puis la jambe droite. On pourra accélérer le rythme de la marche, puis marcher à reculons, en ligne droite ou en créant des méandres... Hilarité garantie !

✱ *Régler son mouvement sur celui d'un groupe, c'est faire preuve de maîtrise de soi, et un grand pas vers la socialisation.*

Le franc du carreau

120

La cible sera tracée au sol (à la craie ou creusée dans le sable) : c'est le carreau (un carré avec ses diagonales). On s'éloigne à une distance convenue, on trace une ligne au sol : chacun a une provision identique de projectiles (cailloux, marrons, coquillages, bouts de bois...). Il s'agit de les lancer tour à tour dans le carreau, mais sans en toucher une seule ligne. Arrive alors l'heure des comptes : le gagnant est celui qui a le plus de projectiles dans le carreau.

*** Un jeu de lancer et d'adresse dont la trace remonte au XVIe siècle.*

121

Peindre à la bougie

Il s'agit d'utiliser un outil scripteur d'un nouveau genre : ce sera ici une bougie blanche ou de couleur. Le motif principal, momentanément invisible, sera dessiné sur un support blanc rigide (cartoline, canson). Recouvrir ensuite la totalité de la feuille d'une couche colorée : encres de couleur diluées, aquarelle, brou de noix allongé à l'eau... On aura alors le plaisir de voir apparaître en blanc le motif d'origine. Pour varier, on peut utiliser aussi des supports de couleur.

*** Quelque part entre la technique du « batik » et celle de l'encre invisible.*

Couronnes de fêtes

122

On s'inspirera des couronnes qui ornent les portes d'entrées lors des fêtes de Noël dans les pays du Nord. Une structure toute faite de polystyrène ou à fabriquer soi-même (couronne de paille ou de papier mâché) ne demandera qu'à être décorée selon la circonstance : on réunira selon le thème pommes de pin, branches de sapin ou de houx, boules brillantes et nœuds de rubans rouges que l'on fixera (épingles à tête ronde ou colle néoprène) à l'occasion de Noël ; sucres d'orges, bonbons multicolores, mini-cadeaux pour les invités, rubans, ballons de baudruche, boules de cotillons et serpentins mettront l'ambiance pour une fête d'anniversaire.

*** Tous participeront avec enthousiasme à cette réalisation que l'on suspendra sur un mur, au plafond ou sur la porte en signe de bienvenue.*

123

Gymnastique des sons

Amusez-vous ensemble à prononcer les voyelles (A E I O U) en exagérant de plus en plus les mimiques, face à face, ou devant le miroir. Observez les déformations de la bouche. On peut prononcer les voyelles de plus en plus fort, puis baisser le ton petit à petit jusqu'au silence.

✱ Ce jeu de découverte et d'observation du corps (position des lèvres, émission des sons, mécanisme de la prononciation), apporte détente et décontraction du visage.

124

Vols-au-vent

Racontez une histoire de votre cru, que vous trufferez d'animaux ou d'objets volants (identifiés ou non). Le jeu consiste, pour votre auditoire, à lever la main dès que vous prononcerez le nom fatidique (donc d'un oiseau, insecte ou objet qui vole).

Vous pouvez bien sûr tendre des pièges, ou accélérer dangereusement le rythme de vos péripéties pour corser la difficulté. Toute erreur vaudra un point de pénalité ; au bout de trois points, on devra exécuter un gage.

**** Une variante du fameux « Pigeon vole » pour tester ses connaissances, son attention et ses réflexes.*

Petit oiseau d'or et d'argent

125

L'index de la main droite désigne tour à tour et en rythme chacun des doigts de la main gauche. Un doigt par syllabe.

Petit oiseau d'or et d'argent
Ta mère t'appelle au bout du champ
Pour y manger le lait caillé
Que la souris a barboté
Pendant une heure de temps
Petit oiseau va-t'en !

*** Ce jeu de doigts demande une bonne coordination de la main. On peut prolonger la comptine en changeant de mains, la difficulté s'en trouve accrue ! Calme, concentration et détente assurés.*

126

La chandelle

On commence par s'allonger sur le dos, en respirant calmement et profondément. Lors de l'expiration, les jambes se soulèvent ensemble, bien droites, à la perpendiculaire ; puis elles s'inclinent légèrement vers l'arrière, le postérieur se soulève et les mains viennent soutenir les hanches, coudes au sol : la position de la chandelle peut être gardée un moment, tant qu'elle reste confortable ; puis, après avoir abaissé lentement les jambes au sol, on s'accorde une bonne relaxation en fermant les yeux. On peut répéter l'opération deux ou trois fois sans problème.

** *Une posture de yoga bénéfique à tout âge pour se relaxer et renouveler son énergie.*

127

Colloque de pieds

Vous êtes assis par terre, en gardant le dos bien droit : il s'agit de ramasser un crayon uniquement avec ses doigts de pieds et de le passer à votre petit partenaire qui devra l'attraper, le passer à votre deuxième pied, qui à son tour devra le transmettre à son autre pied, le tout sans jamais faire tomber le crayon. Ouf !

** *Une drôle de façon de développer la concentration et de faire travailler l'ensemble du corps.*

128

Attrape-ficelle

On enterre en la tendant une ficelle dans le sable (les autres joueurs ont le dos tourné). Au signal, les adversaires se retournent et, armés d'un petit bâton, piquent au hasard et tirent. L'heureux gagnant cachera la ficelle à son tour.

* *Ce jeu africain peut se pratiquer sur la plage ou dans le bac à sable. Il ne nécessite qu'un matériel minimal.*

129

Broche-tableau

Il suffit, pour réaliser une broche-tableau, de récupérer un de ces badges rectangulaires distribués aux visiteurs des salons ou expositions. L'œuvre miniature, figurative ou abstraite, sera exécutée (encres, feutres, gouache ou monotype) sur un bristol à la dimension du badge, puis glissée sous le plastique transparent.

* *Arborer pour le plaisir ses talents cachés et sa passion pour l'art graphique... ou faire un cadeau à Maman.*

130

Serpent en mouvement

Montrez à votre enfant comment tracer une grande spirale ; après découpage, on obtient un serpent de papier qu'il va s'appliquer à décorer au feutre : anneaux, couleurs, rythmes graphiques, écailles, yeux, langue... Attachez alors la tête du serpent à un fil et pendez-le au-dessus d'une source de chaleur (un radiateur par exemple). C'est alors que, sous l'action de l'air chaud, le serpent va se mettre en mouvement comme par miracle...

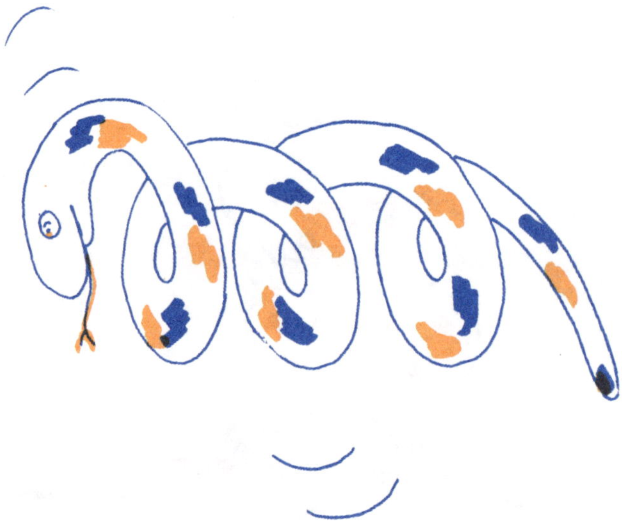

* *Une réalisation toute simple pour mêler la maîtrise du geste graphique et les premières expérimentations.*

131

Portrait mobile

On partira d'un portrait particulièrement réussi (feutres, peinture, pastels, la technique importe peu !) : il est simplement préférable d'utiliser une feuille de bristol comme support, de façon à consolider le mobile. Les différents éléments (yeux, nez, bouche, oreilles, chapeau, cheveux...) seront découpés et redessinés sur leur verso ; on reconstitue ensuite le portrait à plat sur la table, pour prévoir la place des éléments dans l'espace. Le support du mobile sera soit une baguette légère, soit un cintre en métal. Chaque élément sera relié à la baguette centrale grâce à de la ficelle fine, de différente longueur selon le cas. On équilibre l'ensemble, puis on suspend le mobile au plafond : le visage s'anime au moindre souffle !

*** *Pour le fascinant mouvement d'une structure qui s'anime dans l'espace.*

La machine à fabriquer des histoires

132

Commencez par construire ensemble le jeu de cartes qui vous servira de déclencheur à histoires : mettez ensemble de côté les illustrations qui vous plaisent (photos, reproductions de peinture, paysages, portraits, dessins...). Découpez tous les éléments, et collez-les sur des cartes de bristol. Votre jeu est prêt : votre enfant va piocher dix cartes au hasard, et les disposer dans l'ordre qui lui convient. Il peut improviser maintenant sa propre histoire en manipulant ses personnages, ses décors, en faisant rebondir l'action par l'intervention de différents protagonistes. Vous pourrez transcrire les meilleures histoires.

∗∗ Ce jeu de cartes maison est un excellent déclencheur de l'imaginaire pour fabriquer ses propres histoires au travers d'infinies variations.

133

Jeu du pauvre hère

On distribue une seule carte par joueur. Après observation de sa carte, méditation, supputation, on peut échanger sa carte avec son voisin, si celui-ci est d'accord (et sans bien sûr connaître la valeur de ce que l'on va empocher...). Lorsque les échanges sont faits, chacun abat son jeu : le joueur qui possède la plus petite carte a perdu !

* *Un jeu de cartes aux règles simplissimes qui nous vient du Moyen Age.*

134

Gare au géant !

On trace au sol (à la craie ou dans le sable) une énorme tête de géant en soignant les détails : yeux effrayants, dents menaçantes... Les joueurs, bras croisés, se postent sur la ligne du tracé. Le jeu consiste à se pousser mutuellement vers l'intérieur sans se faire déséquilibrer : lorsque l'on quitte la ligne, on est impitoyablement dévoré par le géant. Le dernier survivant de ce jeu cruel a gagné.

* *Attaquer, se défendre, résister, garder son équilibre... l'ogre, tout droit sorti des contes de l'enfance, veille. On se fait peur, et on adore ça !*

135

Avant, après

Choisissez une action déterminée, prise dans la vie quotidienne, par exemple : « je prends mon petit déjeuner ». Demandez à votre enfant d'imaginer ce qui s'est passé juste avant, puis ce qui va se passer juste après. On peut prolonger le jeu en évoquant l'action qui pourrait survenir encore après, puis essayer de se remémorer la chaîne d'actions en remontant jusqu'à la première.

*** Ce jeu de langage permet de recréer une succession logique d'actions, de se situer dans le temps et de manipuler les notions d'« avant » et « après ».*

Jeu de billes

On trace au sol un cercle dans lequel chacun des joueurs dépose une de ses billes. On s'éloigne alors à une distance convenue et, chacun à son tour, on s'efforce de faire sortir les billes du cercle. Toute bille sortie est acquise, et toute bille qui reste dans le cercle devient cible à son tour. On rejoue une seconde fois lorsque le coup est réussi. Le jeu se termine faute de cible : chacun compte alors ses trophées.

* * *Un jeu d'adresse intemporel.*

137

Peinture au carbone

Posez sur la table une feuille de carbone, face encrée au-dessus. Recouvrez-la d'une feuille blanche et fixez le tout avec des trombones. Tout est prêt, votre enfant peut commencer son dessin (au stylo à bille ou au feutre très fin). Lorsque le dessin est fini, détachez la feuille blanche et passez-la sous l'eau ; égouttez, faites sécher, admirez : le motif principal est resté, mais il a « déteint » et l'encre, sous l'action de l'eau, s'est répandue sur la feuille en larges plages de teintes inégales.

** Cette technique simple et peu coûteuse ne demande qu'un matériel réduit et permet aisément de renouveler les productions enfantines.*

La petite fabrique des mots

138

Choisissez un drôle de mot (deux ou trois syllabes, pas plus !) et bricolez-le pour en obtenir un autre en mélangeant les syllabes :

- colibri deviendra brilico,
- hirondelle : dellehonri,
- kimono : monoki,
- cacao : caoca, ocaca, etc.

*** On se prend vite au jeu : vous pourrez proposer vos productions sous forme de devinettes...*

Trous de mémoire

Choisissez un conte bien connu de vous deux, *Le petit chaperon rouge* par exemple. Amusez-vous à vous arrêter brusquement au milieu d'une phrase : on se fera un plaisir de vous rafraîchir la mémoire à chaque faiblesse (et ce n'est pas toujours aussi facile que cela en a l'air !).

∗ Pour exercer la mémoire... et donner à l'enfant le plaisir de corriger les grands.

140

1, 2, 3, Soleil !

Un des joueurs, le « soleil », s'adosse à un mur. Les autres sont alignés en face de lui, à cinq ou six mètres de distance. Le soleil se retourne, tape trois fois sur le mur en comptant : 1, 2, 3, Soleil ! Les joueurs avancent vers le mur le plus vite possible, mais doivent se figer dès que le soleil se retourne. Celui-ci désigne alors les malheureux candidats qui ne sont pas totalement immobilisés et les renvoie à leur point de départ. Le premier à atteindre le mur devient soleil à son tour...

✱ Les enfants adorent ce très ancien jeu de cour qui facilite la socialisation : il faut réagir vite, savoir se contrôler et s'immobiliser au bon moment.

141

Grand moulin

On se tient debout, dos bien droit, jambes un peu écartées, bras levés à la verticale en se tenant les doigts : il s'agit de dessiner un immense cercle avec ses mains en montant le plus possible, puis en effleurant le sol, tout en gardant les jambes tendues bien sûr. On pourra exécuter une dizaine de moulinets, puis après un court temps de repos (en respirant profondément), recommencer l'opération en sens inverse.

*** Savoir étirer tout son corps, faire travailler le dos et les membres pour un bon échauffement général.*

Album-souvenir

Créez ensemble un album-souvenir impérissable de vos dernières vacances : vous récolterez ensemble feuilles, fleurs, plumes, empreintes crayonnées (petits papiers appliqués sur différentes surfaces et coloriés aux crayons noirs ou de couleurs : transparaissent alors les reliefs d'une coupe de tronc d'arbre, d'écorces, de grillages, de coquillages, etc.). Prélevez de petits sachets de sable plus ou moins fin, d'herbes ou de terre, croquez ensemble les paysages, scènes, personnages ou animaux les plus marquants, et complétez vos photos de famille par des bulles, légendes et commentaires. Agrémentez le tout de vues découpées dans les dépliants de la région, écussons ou timbres.

*** * Une version très personnalisée de l'album-photo, témoin d'une mémoire collective que l'on aura longtemps plaisir à feuilleter.*

143

Sardines en boîte

On y joue de préférence dans une grande maison ou dans une forêt : tous les joueurs comptent pendant que seul « celui qui y est » (désigné au préalable par une comptine) court se cacher (la cachette doit être assez grande !). Lorsque le décompte est fini, chacun cherche de son côté : si un joueur découvre la cachette, il s'y glisse à son tour... et ainsi de suite jusqu'à ce que le dernier joueur découvre tous les autres.

* *Tous les enfants éprouvent un vif plaisir à découvrir une cachette, s'y terrer à plusieurs, pouffer ensemble, et se faire ensuite découvrir !*

144

Le mot qui n'existe pas

Énoncez une série de quatre mots (puisés de préférence dans le même champ sémantique) parmi lesquels vous en glisserez un de votre invention, ce qui pourra donner par exemple : assiette-cuillère-soupelle-louche. Votre enfant devra faire preuve de toute sa perspicacité pour détecter l'intrus. A lui de proposer sa liste !

*** *Jouer sur les mots pour affermir ses facultés d'attention et de discrimination.*

145

Kim des mots

Variante orale du fameux jeu de Kim. L'un lance un mot, l'autre le répète et en ajoute un second, le premier reprend la série et l'augmente d'un troisième mot, et ainsi de suite jusqu'à ce que la mémoire n'en puisse plus.
Par exemple :
— avion,
— avion-valise,
— avion-valise-théâtre,
— avion-valise-théâtre-lumière...

*** *Exercer la mémoire et s'entraîner à une bonne prononciation.*

146

La rose

La « rose », figurée par un foulard ou un mouchoir, est accrochée à la ceinture d'un des joueurs. Ce sera bien sûr l'enjeu : il faut s'en emparer. Le vainqueur l'accroche à sa taille à son tour et s'enfuit. Le gagnant est celui qui s'en est emparé trois fois dans la partie.

* *Réflexe et rapidité, poursuites et esquives...*

147

Course de siamois

Prenez deux joueurs (frères ou non), collez-les côte à côte, et attachez leurs jambes au niveau de la cheville. Ils devront alors s'élancer vers un but délimité à l'avance. On peut soit organiser une course lorsque l'on dispose de nombreux frères et sœurs siamois, soit agrandir le couple à trois, quatre ou cinq joueurs : les déplacements sont alors de plus en plus difficiles et se terminent souvent en chute dans l'hilarité générale.

* * *Pour tenter de coordonner sa marche à un autre tout en gardant son équilibre.*

148

Tangram rond

Voici une variante du fameux jeu millénaire que l'on aura plaisir à construire soi-même. Il vous faut deux cercles de carton de 5 cm de rayon dont un sera coupé en deux parties égales, sur son diamètre. Vous vous en servirez comme gabarit pour tracer des arcs sur l'autre en veillant à ce qu'ils se rejoignent en son centre. Découpez les formes ainsi délimitées, peignez, vernissez ou recouvrez d'un adhésif transparent. Le jeu est prêt. Vous connaissez le principe : il s'agit soit de reproduire des figures, soit d'en inventer d'autres. Vous pouvez également décorer une boîte à fromage et la transformer en précieux coffret de rangement du tangram.

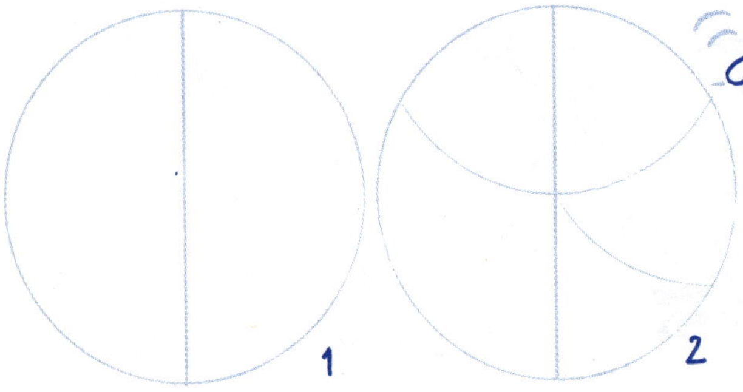

*** Plaisir de fabriquer, de combiner des formes géométriques, d'en reproduire ou d'en créer de nouvelles, ce type de tangram est tout à fait adapté aux jeunes enfants.*

Substitutions verbales

149

Convenez à l'avance d'une substitution de votre cru : les chaussures pourraient s'appeler « vaches », par exemple. Un détail : il vaut mieux choisir deux mots n'ayant strictement aucun rapport. Tentez à présent de recomposer une phrase en remplaçant le mot « chaussures » par sa doublure, ce qui pourra vous donner par exemple : « Mets tes vaches aux pieds et attache-les bien ! » Voilà sans doute le point de départ de bien des digressions extravagantes...

** *Pour s'adonner sans retenue à d'infinis détournements de sens.*

150

Jeu du portrait

Choisissez un de vos proches ou un personnage célèbre. Votre enfant doit découvrir à qui vous pensez. Toutes les questions sont possibles (sexe, couleur des cheveux, taille, corpulence, etc.), mais seules deux réponses sont admises : oui ou non. On inverse les rôles dès que l'énigme est résolue.

*** Utiliser le mot juste pour retracer les caractéristiques d'une personne, c'est exercer sa mémoire, ses facultés d'observation, de déduction.*
Bon jeu pour un voyage en voiture ou en train.

4 ANS

Index alphabétique

Index thématique

4 ANS

1 Jeux pour plusieurs enfants,

2 Jeux pour un enfant seul

3 Jeux d'extérieur
(courir, bouger, découvrir la nature)

4 Jeux de plage

5 Jeux calmes pour se relaxer

6 Pour jouer dans la cuisine

7 Jeux pour patienter

(salles d'attente, lit...)

*(On peut aussi piocher dans les rubriques **5** et **8**)*

8 Jeux pour patienter en voyage

(voiture, train, avion...)

*(On peut aussi piocher dans les rubriques **5** et **7**)*

9 Jeux des premiers apprentissages

(langue, approche de la lecture, réflexion, mémoire, premières notions mathématiques, logique, écoute, attention, observation, socialisation, motricité fine, découverte du schéma corporel)

10 Jeux pour s'exprimer

(langage, art, expression corporelle)

4 ANS

Conception :
Sylvia Dorance, Pack 2

Maquette intérieure :
Ulrich Meyer, Primart

Achevé d'imprimer en février 1999
sur les presses de l'Imprimerie Carlo Descamps
59163 Condé-sur-l'Escaut
N° d'éditeur : 10064764-2-(12)-OSB-100-PAO
N° d'imprimeur : 99081
Dépôt légal : décembre 1998